Franz Kamphaus / Dieter Lippert

UND IHR WERDET FINDEN EIN KIND

Franz Kamphaus / Dieter Lippert

Seite 47

UND IHR WERDET FINDEN EIN KIND

Auf dem Weg zur Krippe

Mit einer Bildbegleitung
zur Krippe von Hadamar

Herder
Freiburg · Basel · Wien

Die Hadamarer Krippe

Hinführung

Von einer größeren Öffentlichkeit noch weitgehend unbemerkt ist in den letzten zwanzig Jahren in der Pfarrkirche St. Johannes Nepomuk zu Hadamar eine Krippe entstanden, die weit und breit ihresgleichen sucht.

Der Name der kleinen Stadt Hadamar, am Fuße des Westerwaldes nahe Limburg an der Lahn gelegen, ist über die Region hinaus nur unter zwei Aspekten bekannt geworden: Die psychiatrische Anstalt der Stadt wurde während der Naziherrschaft unter den Augen einer eingeschüchterten und ohnmächtigen Bevölkerung zum Schauplatz der Zwangssterilisierung sogenannter Erbgeschädigter, nach der verblendeten Rassenideologie und dere Massentötung psychisch Kranker und Behinderter gemäß dem »Euthanasie«-Programm der Nazis. Die Gedenkstätte auf dem Mönchberg dokumentiert das Geschehene und hält es mahnend in Erinnerung.

Gloria
in
Deo

Zum anderen ist Hadamar einem historisch interessierten Publikum bekannt als nassauisches Residenzstädtchen einer der zahlreichen Linien des Hauses Nassau, aus deren Reihen vor allem der berühmte Fürst Johann Ludiwg von Nassau-Hadamar hervortritt, der im 17. Jahrhundert beim Zustandekommen des Westfälischen Friedens nach dem Dreißigjährigen Krieg eine bedeutende Rolle spielte. Sein kraftvoller und schöpferischer Geist hat das kleine Städtchen mit seinem Renaissanceschloß geprägt. Er holte auch die Jesuiten ins Land, die in den nächsten einhundertvierzig Jahren in Kultur und Städtebau das Bild Hadamars prägen sollten. Jesuiten waren es, die den Barock nach Hadamar brachten. Als sie ihre Kollegkirche bauten, holten sie Barockbaumeister aus Tirol und Bildhauer aus dem fränkischen Würzburg nach Hadamar, die hier – verbunden mit den Namen Martin Volck und Johann Theodor Thüringer – über ein halbes Jahrhundert eine eigene Werkstatt und Ausbildungsstätte gründeten: die weit in die Region hinein wirkende Hadamarer Barock-Schule.

Nach der Auflösung des Jesuitenordens 1773 verließen diese die Stadt. Franziskaner, die auch damals schon ein Kloster in Hadamar hatten, übernahmen schließlich 1917 das ehemalige Klostergebäude der Jesuiten und richteten dort ein Studienheim für ihren Ordensnachwuchs ein, das sie bis 1976 unterhielten. Die Jesuiten-

Kollegkirche war inzwischen – an Stelle der schönen spätgotischen, am Elbbach abseits gelegenenen Liebfrauenkirche – zur Pfarrkirche geworden. Wer sich heute der Pfarrkirche nähert, wird zunächst von dem beschaulichen Hof zwischen dem alten Klostergebäude und der Kirche angezogen, deren Mitte die Darstellung des heiligen Franz von Assisi mit dem Wolf von Gubbio ziert. Das Jesuitenwappen über der Klosterpforte und das Bild des heiligen Franziskus deuten auf die zweifache Tradition des Ortes hin: Die Jesuiten brachten die Kunst des Barock nach Hadamar und haben ein reiches Erbe barocker Plastiken hinterlassen. Franziskus, der Gründer der Minderbrüder (Franziskaner) wird tief verehrt als der Heilige, der in seiner Liebe zur Schöpfung Gottes auch Freund und Hüter der Tiere war, die er als Mitgeschöpfe achtete. So wurde er zum Initiator und Förderer der Krippenkunst, als er am Weihnachtsfest 1223 im Wald von Greccio lebende Tiere, Ochs und Esel zu einem Krippenbild aufstellte.

Vielleicht mag denn auch der Geist dieses Ortes seinen Einfluß ausgeübt haben, als Pfarrer Dr. Franz(!) Schott 1975 nach Hadamar kam. Die vorgefundene Krippe erwies sich als sehr ungenügend, und bald schon nahm der Wunsch Gestalt an, für die große Kirchenhalle auch eine würdig gestaltete Krippe zu beschaffen. Nun begann ein Gesprächsprozeß in der Gemeinde, an dessen Ende der Entschluß stand, eine neue Krippe zu erwerben, die den barocken Formen des Kirchenraumes angepaßt wäre.

Der Krippendarstellung kann man sich mit sehr unterschiedlichen Vorstellungen nähern. Pfarrer Schott schwebte am Anfang eine Festikone vor – eine Krippe, die das Festgeheimnis des Weihnachtsevangeliums in Bildern umsetzt, wie es in der Ostkirche bekannt ist. So wie in der Ostkirche die Festikone an der Ikonostase (der Bilderwand) angebracht ist, so wäre für Pfarrer Schott auch ein holzgeschnitztes Reliefbild denkbar gewesen, das nur wenig Raum einnimmt.

Um der Kinder willen, die ja bei jeder Krippe zu den eifrigsten Besuchern zählen, fiel dann aber doch die Entscheidung für eine Darstellung mit dem klassischen Figurenbestand und einer durchschnittlichen Figurenhöhe von 80 cm. Also machte sich Pfarrer Schott auf die Suche. Dabei traf es sich, daß er während einer Erkundungsreise für eine Gemeindefahrt in Südtirol auf einen Bildhauer stieß, der sehr eindrucksvolle und überzeugende Arbeiten gefertigt hatte. Als Pfarrer Schott ihm aber seinen Plan zu einer größeren Kirchenkrippe unterbreitete, mußte er aus beruflichen Gründen verzichten, vermittelte jedoch einen anderen Bildhauer in St. Ulrich, seinem Heimatort im ladinischen Grödnertal: seinen Bruder, der, wie er unverhohlen zugab, auch der bessere Bildhauer sei.

So kam es dann zur ersten Begegnung zwischen Pfarrer Schott und dem Bildhauer Helmut Gebhard Piccolruaz. Und nun begann eine über viele Jahre sich erstreckende fruchtbare Zusammenarbeit, in der die ursprüngliche Idee immer mehr Gestalt annahm.

Die heilige Familie

Zunächst entstand die heilige Familie, die Mitte des gesamtes Krippengeschehens: ein jugendliches, innig dem lächenden göttlichen Kind zugewandtes Paar.

Maria kniet in mütterlicher Geste vor dem Kind, in dem sie den Sohn Gottes, aber auch ihr eigenes Fleisch und Blut voll Zärtlichkeit erkennt und willkommen heißt. Josef, der auf Ikonen oft in Nachbarschaft mit einer dunklen Gestalt zu sehen ist, welche die Anfechtung des Zweifels und Unglaubens, ja den Versucher selbst darstellt, ist hier abgebildet mit dem Öllämpchen, dem Symbol des Glaubens. Mit der Hand beschirmt er das Licht des Glaubens, wendet sich vom Dunkeln ab und dem göttlichen Kind zu. Seine ganze Haltung spricht von einem inneren Ringen, in den für ihn undurchschaubaren Plan Gottes einzuwilligen und den Sohn Gottes als sein Kind anzunehmen, ihm ein fürsorglicher und schützender Vater zu sein.

Um der Krippe einen Hintergrund zu geben, entwarf der Künstler auch den Stall: hier eine zerfallene Palastruine, wie sie sich oft auf Darstellungen der christlichen Kunst durch viele Jahrhunderte zeigt. Sie wurde keineswegs als romantische Dekoration verstanden, sondern als Hinweis auf das in Trümmern liegende Königshaus David, das der Messias wieder errichten wird. So heißt es in der Jesaja-Lesung der weihnachtlichen Christmette: »Denn ein Kind ist uns geboren, ein Sohn ist uns geschenkt. ... Auf dem Thron Davids herrscht er über sein Reich; er festigt und stützt es durch Recht und Gerechtigkeit« (vgl. Jes 9,5-6). Zwei Putten, die über der Palastruine schweben, erinnern duetlich an diesen biblischen Hintergrund: Sie tragen die Insignien des neugeborenen Königs und Friedensfürsten – Palmzweig und Krone.

Ochs und Esel

Die beiden Tiere, die dem Jesuskind am nächsten kommen, Ochs und Esel, tauchen nirgendwo in der lukanischen Weihnachtsbotschaft auf, und doch gehören sie seit den ältesten Krippendarstellungen zum Grundbestand. Mag sein, daß ihre Darstellung von dem Jesajavers beeinflußt ist: »Der Ochs kennt seinen Besitzer und der Esel die Krippe seines Herrn, Israel aber hat keine Erkenntnis« (vgl. Jes 1,3). Die beiden geduldigen Tiere erinnern aber auch noch an viele andere Ereignisse im Leben Jesu: an seine Gleichniserzählungen und nicht zuletzt an seinen Einzug auf einem Esel nach Jerusalem.

Eine Familie

Daß die heilige Familie das Schutzpatronat für alle christlichen Familien wahrnimmt und als ihr Vorbild gilt, machen die Liturgie und der Festkalender der Weihnachtszeit dadurch deutlich, daß der Sonntag nach Weihnachten zum Fest der Heiligen Familie erhoben wurde.

Dem Künstler der Hadamrer Krippe als Familienvater sowie Pfarrer Schott als Seelsorger lag am Herzen, diese Verbindung – weihnachtliches Geschehen, weihnachtliche Botschaft und die Familie als liebende Gemeinschaft – in den Figuren an der Krippe augenscheinlich werden zu lassen. So sehen wir jetzt das kleine Mädchen im roten Kopftuch mit dem Hasen, die Mutter des kleinen Jungen in der Tracht einer Grödener Bäuerin und dem Vater im Gewand eines Bergbauern. So wie sich diese Familie voll Staunen, mit großer Andacht und tiefem Vertrauen der Krippe nähert, so stehen in der weihnachtlichen Zeit auch immer wieder junge Familien mit ihren Kindern und schauen. Eltern lernen dabei, ihren Kindern ganz unbefangen über das Kind in der Krippe zu erzählen und so ihren Kindern mit eigenen Worten das Evangelium zu verkünden.

Pfarrer und Bildhauer haben in der Krippe manche Hinweise versteckt, die es zu entdecken gilt und die Lust darauf machen sollen, mehr über das Kind in der Krippe zu erfahren, als es die Weihnachtserzählungen der beiden Evangelien ermöglichen.

Vorbilder für die Darstellung der Familie brauchte der Bildhauer nicht weit zu suchen. Seine eigenen Familienmitglieder konnte er gleichsam zum Modell nehmen: Ihre ausdrucksstarken Gesichter und Gestalten stehen in lebendiger Beziehung zur heiligen Familie, deren Verehrung in Tirol bis heute besonders gepflegt wird. So kann man diesen Teil der Krippe durchaus als Votivgabe verstehen, mit der der Künstler seine eigenen Familie unter den Schutz der Heiligen Familie stellt.

»Ehre sei Gott in der Höhe!«

Es soll ein Singen und Klingen um die Krippe sein! Dem Wunsch von Pfarrer Schott entsprach der Künstler – selber neben der Bildhauerei ein begabter und begeisterter Musiker –, indem er eine ganze Gruppe von musizierenden Hirten schuf mit Dudelsack, Schalmei und Querflöte. Die geistliche Musik aller Epochen findet einen Höhepunkt in der Musik des Weihnachtsfestkreises – der Gesang der Engel über den Hirtenfeldern wird im Lukasevangelium erzählt: »Ehre sei Gott in der Höhe und auf Erden Friede den Menschen seiner Gnade« (vgl. Lk 2,14). Unzählig sind aber auch die Beispiele für Hirtenlieder, instrumentale Pastoralen und Oratorienchöre. Die musizierenden Hirten vollziehen, was Lukas über sie schreibt: »Die Hirten aber rühmten Gott und priesen ihn für alles, was sie gehört und gesehen hatten« (vgl. Lk 2,18).

Musikalisch ambitioniert, verwendete Piccolruaz viel Mühe auf eine originalgetreue Wiedergabe der Instrumente. So ist der Dudelsack, dessen antike Form er genau studierte, zu einem solchen Prachtexemplar geraten, daß man schier seine Klänge zu hören meint, wenn man ihn betrachtet.

Die Szenerie wurde immer weiter mit Gestalten erfüllt. Alle Lebensalter wurden in den Hirten dargestellt, vom Knaben bis zum Greis. Der erwachende junge Hirte am Feuer hat den Schlaf noch in den Augen, und doch lauscht er der Botschaft des Engels, beginnt zu ahnen, daß dort ein Licht aufgegangen ist, heller als das Lagerfeuer.

Eine Portraitstudie besonderer Art bietet der alte Hirte, der aus der Tiefe heraufsteigt. Seine Züge sprechen von Altersweisheit und einem klaren, forschenden Blick. Von äußerem Glanz und Gepränge wird er sich nicht täuschen lassen. Helmut Gebhard Piccolruaz hat sich seinen eigenen Vater zum Modell für diesen Hirten genommen. Von ihm hat er selbst den Blick dafür bekommen, das Wesen der Menschen zu erfassen und bildnerisch auszudrücken.

Nach dem Lukasevangelium erklärt Jesus am Anfang seines öffentlichen Wirkens sein Programm, als er in der Synagoge seiner Heimatstadt Nazaret aus der Schriftrolle des Propheten vorliest (Lk 4,16ff). Da Jesu Lebensbotschaft bereits in der lukanischen Weihnachtsbotschaft deutlich erkennbar ist, schuf der Bildhauer Piccolruaz auf Wunsch von Pfarrer Schott die Figuren des Lahmen und des Blinden auf dem Weg zur Krippe: Jesus sah sich selbst und Lukas bezeugt ihn als den Gesalbten, der »gesandt wurde, den Armen die frohe Botschaft zu bringen, den Blinden die Augen zu öffnen und die Zerschlagenen in Freiheit zu führen« (vgl. Lk 4, 18ff). Stellvertretend für alle Mühseligen und Beladenen sind sie unterwegs zu dem Gesalbten – Christus.

Gloria
in
Deo

Und plötzlich war dem Engel
eine große himmlische Schar

Wie im Triumph krönt der Verkündigungsengel ganz in barocker Manier die Szenerie. Und Engel tragen, über der Palastruine schwebend, die Insignien der Eucharistie, Trauben und Ähren, sowie – ebenso vorausschauend – das schwarze Kreuz der Passion. Verlängert man die Linie des Kreuzesbalken zum Boden, so trifft er genau die Krippe: Die Inkarnation des Christus ist der Anfang von Gottes Heilshandeln, das sich in Tod und Auferstehung Jesu vollenden wird.

Wie es zu den heiligen drei Königen kam

Im Lauf der Jahre war im Zusammenwirken von Bildhauer und Theologe eine reiche Szenerie entstanden, aber noch fehlten die heiligen drei Könige.

Es war nur gut, daß Pfarrer Schott am Anfang, als er sich darauf einließ, eine neue Krippe zu beschaffen, noch keine Vorstellung davon hatte, welche Ausmaße das Unternehmen bekommen würde. Als er mit dem Künstler die Disposition für die drei Könige besprach, stand ihm wiederum die Darstellung vor Augen, wie sie auf Epiphanie-Ikonen der Ostkirche zu finden ist: drei Reiter, die von der Seite her an die Krippe heransprengen. Doch in der Umsetzung dieser grundlegenden Idee verwandelten sich die drei Rosse in sehr unterschiedliche Geschöpfe: hinter dem Roß das genügsame Kamel und schließlich der gigantische Elefant. Mit ihren Reitern dokumentieren Könige und Tiere die Pilgerschaft der Völker und aller Kreaturen des Erdkeises zum Geburtsort des Königs, dessen Reich nicht von dieser Welt ist und bei dem alle Macht ihren Ursprung hat.

So wird deutlich, daß nach Röm 8,19 »die ganze Schöpfung sehnsüchtig wartet auf das Offenbarwerden der Söhne Gottes« und sich danach sehnt, daß in Erfüllung geht, was im vierten Hochgebet der Eucharistie sich ausdrückt: »Und wenn einst die ganze Schöpfung von der Verderbnis der Sünde und des Todes befreit ist, dann laß uns zusammen mit ihr dich verherrlichen in deinem Reich.«

Die Verheißung aus Jesaja ist in Jesus nicht nur erfüllt, sondern übertroffen: »Zahllose Kamele bedecken dein Land, Dromedare aus Midian und Efa, sie alle kommen von Saba, bringen Weihrauch und Gold und verkünden die ruhmreichen Taten des Herrn« (Jes 60,6)

Die Epiphaniegeschichte – des heutigen 6. Januar – gab dem Künstler Gelegenheit, nicht nur die Erdteile, die sich im Heiligen Land begegnen – Europa, Asien und Afrika –, in Erinnerung zu bringen, sondern in der Darstellung der Reiter auch die Lebensalter zu spiegeln. So sprengt der Reiter auf dem Roß mit voller männlicher Kraft daher und zwingt das Tier in seine Gewalt.

Das Kamel trägt den weisen alten König mit wallendem Bart; sein Reittier symbolisiert die Bedächtigkeit, aber auch die Beharrlichkeit und das Durchhaltevermögen des Alters.

Der dritte, der schwarze König ist zugleich Sinnbild der Jugend. Er reitet auf einem Elefanten. Einen Elefanten in die Prozession einzureihen bedeutete natürlich auch, sich auf seine Größenverhältnisse einzulassen. So wurde der Elefant wohl zur beeindruckendsten Einzeldarstellung der Hadamarer Krippe.

Als Pfarrer Schott anläßlich eines Besuchs in St. Ulrich das Tonmodell des auf dem Elefanten reitenden Königs sah, war er erstaunt, daß der Bildhauer einen Knaben auf dem Nacken des Tieres sitzend vorgesehen hatte. Ihm kam die Idee, dem jugendlichen König noch eine junge Frau, die Königin, zur Seite zu geben, so daß auch im Zug der heiligen drei Könige ein Familie mitpilgert. Voller Zärtlichkeit legt der junge König seinen Arm um seine Frau. Den Blick aber hält er fest auf den Stern gerichtet: Das gemeinsame Ziel läßt er nicht aus den Augen.

Während die Krippenszene auf der linken Seite des kirchlichen Chorraums errichtet ist, wird der Zug der drei Könige vor dem rechten barocken Seitenaltar aufgebaut. Im Hintergrund deutete der Bildhauer eine Straßenszene Betlehems an mit einer neugierigen Bewohnerin, die mit ihrem Söhnchen von der Haustür aus das Ereignis betrachtet.

Nach Fertigstellung der drei Könige erwies sich, daß nun diese Seite in ihren Dimensionen fast zu dominierend gegenüber der Krippenszene selbst war. Von Pfarrer und Künstler wurde darum eine weitere Darstellung entwickelt, die auch den linken Seitenaltar miteinbezieht und zugleich Gelegenheit gibt, mit einem Zitat des Johannesevangeliums eine Meditation über das Geheimnis der Menschwerdung und der Erlösung anzufügen.

Diese Frau hat ihren Platz vor einem orientalischen Haus gefunden. In Jesus ist der Quell des Lebens aufgesprungen, so wie er es der samaritischen Frau am Jakobsbrunnen sagt: »Wer von dem Wasser trinkt, das ich ihm geben werde, wird niemals mehr Durst haben, vielmehr wird das Wasser, das ich ihm gebe, in ihm zur sprudelnden Quelle werden, deren Wasser ewiges Leben schenkt« (Joh 4,14). Wer Jesus trifft, der als Kind in der Krippe liegt, der trifft auf die Quelle des Lebens.

Genau den gleichen Gedanken finden wir in Ruth Schaumanns Gedicht »Kommt ein Kindlein auf die Welt«. Dort heißt es in der zweiten Strophe: »Lacht das Kind zum erstenmal, rauscht ein Brunnen aus dem Tal ...«

Eine Metapher für Herodes, der – so erzählt es die Weihnachtsgeschichte des Evangelisten Matthäus (2,16-18) – dem Kindlein nach dem Leben trachtet, sind die Katzen, die unter dem Brunnenrand den Sperling belauern. Ihre Augen sind anscheinend geschlossen, doch dahinter lauert hellwache Jagdlust. Der Sperling aber, das göttliche Kind, wird wunderbar behütet (vgl. Mt 10,31: »Fürchtet euch nicht. Ihr seid mehr wert als alle Spatzen zusammen«).

Eine Bilderbibel

Diese Krippe ist eine Bibel in Bildern, die auch schon Kindern, die nur wenig von Jesus wissen und denen selten vom Glauben erzählt wird, das Evangelium Jesu – »Ihr seid meine Freunde« – nahebringen. Die Hadamarer Krippe ist augenscheinliche Verkündigung in einer sehr menschenfreundlichen Weise. Sie strahlt etwas aus von der Freude, die allen Menschen Gottes Liebe bringt, und sie soll ihren Betrachtern zu Herzen gehend die Frohe Botschaft verkünden: »Euch ist der Heiland geboren.«

Bereitet den Weg des Herrn

Franz Kamphaus

Es war im fünfzehnten Jahr der Regierung des Kaisers Tiberius; Pontius Pilatus war Statthalter von Judäa, Herodes Tetrarch von Galiläa, sein Bruder Philippus Tetrarch von Ituräa und Trachonitis, Lysanias Tetrarch von Abilene; Hohepriester waren Hannas und Kajaphas. Da erging in der Wüste das Wort Gottes an Johannes, den Sohn des Zacharias. Und er zog in die Gegend am Jordan und verkündigte dort überall Umkehr und Taufe zur Vergebung der Sünden. So erfüllte sich, was im Buch der Reden des Propheten Jesaja steht:

Eine Stimme ruft in der Wüste:
Bereitet dem Herrn den Weg!
Ebnet ihm die Straßen!
Jede Schlucht soll aufgefüllt werden,
jeder Berg und Hügel sich senken.

Was krumm ist, soll gerade werden,
was uneben ist, soll zum ebenen Weg werden.
Und alle Menschen werden das Heil sehen,
das von Gott kommt. Lk 3,1-6

»Gib's auf!«, das ist der Titel einer kleinen Erzählung von Franz Kafka:

»Es war sehr früh am Morgen, die Straßen rein und leer, ich ging zum Bahnhof. Als ich eine Turmuhr mit meiner Uhr verglich, sah ich, daß es schon viel später war, als ich geglaubt hatte, ich mußte mich sehr beeilen, der Schrecken über diese Entdeckung ließ mich im Wege unsicher werden, ich kannte mich in dieser Stadt noch nicht sehr gut aus, glücklicherweise war ein Schutzmann in der Nähe, ich lief zu ihm und fragte ihn atemlos nach dem Weg. Er lächelte und sagte: ›Von mir willst du den Weg erfahren?‹ ›Ja‹, sagte ich, ›da ich ihn selbst nicht finden kann.‹ – ›Gib's auf, gib's auf‹, sagte er und wandte sich mit einem großen Schwunge ab, so wie Leute, die mit ihrem Lachen allein sein wollen.«

Menschen fragen nach dem Weg

Menschen fragen nach dem Weg. Sie sind unsicher geworden. Sie haben Angst, den Anschluß zu verpassen. Sie wissen nicht wohin. Keinen festen Weg unter den Füßen haben – das läßt die Knie wanken. Man kommt ins Flattern, rennt hin und her, gerät in Panik und außer Atem. Schließlich weiß man nicht mehr aus noch ein.

Menschen fragen nach dem Weg. Wie reagieren wir? »Von mir willst du den Weg erfahren?« – »Ja«, sagen sie, »da wir ihn selbst nicht finden können ...«

Was antworten wir den Leuten, die sich Mal um Mal bewerben und keinen Weg finden in ihren Beruf? – Gib's auf!?

Was sagen wir denen, die festgefahren sind in ihrem Leben, sich in Sackgassen verrannt haben, an Nullpunkten oder Endstationen angekommen sind? – Gib's auf!?

Was antworten wir, wenn Leute sagen: »Hilfe für die Dritte Welt, das bringt nichts. Das ist ein Faß ohne Boden. Gib's auf ...« Wenden wir uns »mit einem großen Schwunge ab ...«?

Wir haben viele Straßen gebaut: Geschäftsstraßen und Bankverbindungen (Prozessionswege des Geldes, der Selbstdarstellung und der vielbeschworenen Selbstverwirklichung); Autobahnen und Startbahnen: laut, schnell, ruhelos. Kennzeichen einer »mobilen Gesellschaft«, in der man ständig in Eile ist, überholt und überholt wird. Geben sie den Suchenden Antwort auf die Frage nach dem Weg?

Ungeahnte Wege

Leben ist wie das Schreiten auf einem Weg. Manchmal bleiben wir stehen, blicken zurück, schauen nach vorn. Sind wir auf dem richtigen Weg? Wir treffen auf Scheidewege. Wohin sollten wir gehen?

»Ich bin ein Sucher
eines Weges,
der breiter ist
als ich.
Nicht zu schmal.
Ein Ein-Mann-Weg.
Aber auch keine
staubige, tausendmal
überlaufene Bahn.
Ich bin ein Sucher
eines Weges.

Sucher eines Weges
für mehr
als mich.«
G. Kunert

Sucher eines Weges, der nicht in den Geschäftsstraßen endet, der weiterführt als vor die eigene Tür und die des anderen. Ein Weg, der über uns selbst hinausführt und über alles, was die Welt uns bieten kann. »Die Welt ist eine Nummer zu klein geraten, um die unendliche Sehnsucht eines Menschen stillen zu können« (Kurt Tucholsky).

Sie bringt uns auf ungeahnte Wege: »Bereitet den Weg des Herrn.« Da geht's nicht nur um unseren eigenen Weg, nicht nur um das, was wir uns ausdenken und zuwege bringen, um mehr als die Summe unserer Erfindungen und Leistungen. Gott hat sich auf den Weg gemacht. Er ist uns entgegengekommen, so entgegenkommend und zuvorkommend, wie er ist. Dafür bürgt ein Name: Jesus Christus. Er ist der Weg. Auf diesem Weg kommt Gott uns entgegen. Auf diesem Weg können wir ihm begegnen. Er führt uns in die Freiheit. Er eröffnet neue Möglichkeiten. Das dürfen wir anderen sagen und uns selbst gesagt sein lassen: Du hast viel mehr Möglichkeiten, als du ahnst, ganz zu schweigen von den ungeahnten Möglichkeiten Gottes mit dir.

Glaube mit Hand und Fuß…

Wenn du nicht weiterkommst und auf der Stelle trittst, wenn du dich verannt hast oder am Nullpunkt angekommen bist – du brauchst nicht aufzugeben. Gott kommt dir entgegen. Entdecke seine Wege zu dir und zu den anderen. Du kannst ihm den Weg bereiten. Du kannst Steine des Anstoßes aus dem Weg räumen. Du kannst Berge von Vorurteilen abtragen und Täler der Not überwinden helfen. Du kannst einen Weg in die Wüste bauen. Die Welt wird nicht dadurch besser, daß wir sie auf den Kopf stellen und Ausweglosigkeiten breittreten, sondern daß wir gangbare Wege eröffnen.

»Bereitet den Weg des Herrn!« Wer sich darauf einläßt, der hat alle Hände voll zu tun. Er wird dem Kommen Gottes in seinem alltäglichen Leben den Weg bereiten, mit allen Mitteln, die ihm zur Verfügung stehen. So bekommt der Glaube Hand und Fuß. Mitten in der Wüste blitzen Signale der Hoffnung auf. Die Welt bleibt nicht so, wie sie ist, neue Möglichkeiten werden sichtbar.

Der Weg des Herrn führt nicht in die Wolken, aber er führt über uns selbst hinaus zu den anderen. Er führt über den eigenen Kirchturm hinaus, er führt über das Wasser, über den Ozean, zum Beispiel nach Bolivien, nach Brasilien. Er verbindet Europa mit Lateinamerika. Er verbindet Menschen miteinander. Er führt uns ins Freie, in die Freiheit. »Bereitet den Weg des Herrn!«

Ein Kind ist uns geboren

»Das Volk, das im Dunkel lebt, sieht ein helles Licht; über denen, die im Land der Finsternis wohnen, strahlt ein Licht auf.

Du erregst lauten Jubel und schenkst große Freude. Man freut sich in deiner Nähe, wie man sich freut bei der Ernte, wie man jubelt, wenn Beute verteilt wird.

Denn wie am Tag von Midian zerbrichst du das drückende Joch, das Tragholz auf unserer Schulter und den Stock des Treibers.

Jeder Stiefel, der dröhnend daherstampft, jeder Mantel, der mit Blut befleckt ist, wird verbrannt, wird ein Fraß des Feuers.

Denn uns ist ein Kind geboren, ein Sohn ist uns geschenkt. Die Herrschaft liegt auf seiner Schulter; man nennt ihn: Wunderbarer Ratgeber, Starker Gott, Vater in Ewigkeit, Fürst des Friedens.

Seine Herrschaft ist groß, und der Friede hat kein Ende. Auf dem Thron Davids herrscht er über sein Reich; er festigt und stützt es durch Recht und Gerechtigkeit, jetzt und für alle Zeiten. Der leidenschaftliche Eifer des Herrn der Heere wird das vollbringen.«

Jes 9,1-6

Das Zeichen

Ein Kind ist unterwegs, und es kommt zur Welt. Das verändert alles. Wirklich? Was soll ein Kind schon verändern? Den Lebensrhythmus der Eltern, klar. Aber sonst? Es kann noch nicht mitreden, es fällt kaum ins Gewicht. Es ist klein und wehrlos, angewiesen auf Liebe und Zuneigung. Es ist einfach da, ganz ursprünglich, wirklich entwaffnend; so daß wir dastehen und sagen: »Mensch, schau dir das an, daß es das gibt. Wunderbar!« Das Leben bekommt ein neues Gesicht.

Ein Kind ist unterwegs, und es kommt zur Welt, das verändert alles. Darum feiern wir Weihnachten: »Das soll euch als Zeichen dienen: Ihr werdet ein Kind finden, das, in Windeln gewickelt, in einer Krippe liegt« (Lk 2,12).

Ein Kind wird zum Zeichen. Diese Ursprungserzählung des Christentums steht nicht im Zeichen des starken Mannes, der endlich freie Bahn schafft, sondern im Zeichen eines wehrlosen Kindes. Das verändert alles.

Was denn? Daß wir in diesen Tagen vorübergehend in Kindheitserinnerungen leben und vom »Heiland« sprechen, vom »Messias«, vom »Frieden auf Erden«? Das sind große Worte, aber »die

Verhältnisse, die sind noch so«. Oder? Hat sich was getan von Weihachten her? Unterm Strich: Was bringt's? Was ändert sich denn?

Die Herrschaft des Kindes

Das hat sich schon Jesaja gefragt, der große Prophet. Er weiß, wie es aussieht: finster! Die Assyrer sind im Land. Blutige, zerfetzte Soldatenmäntel, das Gedröhn der Stiefel und Waffen bei den Aufmärschen, und daß einer den anderen treibt: die Einpeitscher.

Niemand muß uns diese Bilder erklären. Sie sprechen für sich. Das ist die Wirklichkeit. Die soll anders werden: »Über denen, die im Land der Finsternis wohnen, strahlt ein Licht auf» (9,1).

Das Joch wird zerbrochen, der Stock des Treibers geht in Stücke. Das sieht Jesaja kommen, wie in einer Vision. Die Freude ist groß, man kann sich's denken. Wer würde sich da nicht mitfreuen! Die Wende hat ja ihren ganz realen Grund in der Geburt eines Kindes:

»Denn uns ist ein Kind geboren, ein Sohn ist uns geschenkt. Die Herrschaft liegt auf seiner Schulter; man nennt ihn: Wunderbarer Ratgeber, Starker Gott, Vater in Ewigkeit, Fürst des Friedens. Seine Herrschaft ist groß, und der Friede hat kein Ende« (9,5f).

Ein Kind läßt hoffen. Ein Königskind? Die Herrschaft ruht auf seinen Schultern, auf den Schultern des Kindes. Ein Kind soll an die Regierung kommen? Vielleicht denken Sie: Jetzt reicht's. Da wird Glaube mit Politik vermischt, und Politik ist keine Kinderei.

Wen immer Jesaja damit zunächst im Auge gehabt hat, an Weihnachten mündet diese alte Hoffnung in einen neuen Namen: Jesus von Nazaret! Er ist der Hoffnungsträger der Menschheit. Vielleicht kennen Sie Bilder, die das Jesuskind mit der Weltkugel in den Händen darstellen. Oder Sie haben die »Drei Könige aus dem Morgenland« vor Augen, die am Ziel ihres Weges ihre Kronen abnehmen und sie vor dem Kind in der Krippe niederlegen.

Eine neue Art von Herrschaft kommt in Betlehem zur Welt. Mit diesem Kind fängt grundsätzlich Neues an. Gott regiert nicht mit eisernem Zepter von oben herab, unnahbar. Er ist ganz dicht an der Seite der Menschen, er lebt mitten unter uns. Das ist riskant, lebensgefährlich. Er zerbricht den Stock des Treibers, indem er sich vor Pilatus den Rohrstock in die gefesselten Hände stecken läßt. Den Soldatenmantel vernichtet er, indem er ihn sich zum Spott umhängen läßt und mit seinem eigenen Blut tränkt. Das Joch zerbricht er, indem er das Kreuz auf seine Schultern nimmt.

Man kann nicht vom Kind in Betlehem sprechen, ohne zu bedenken, welchen Weg Jesus gegangen ist. Er ist sich treu geblieben, entwaffnend in seiner Wehrlosigkeit. So gesehen ist er im Grund seines Herzens Kind geblieben.

Einfach entwaffnend ...

Die Weltherrschaft auf den Schultern eines Kindes – ein Herrschaftswechsel. Da löst nicht nur einer den anderen ab im Karussell des üblichen Machtspiels, die Herrschaft selbst bekommt ein neues Gesicht. Ist das nur ein Traum?

Wie soll man die Ereignisse im Osten verstehen, deuten? Wer hätte das gedacht? Unglaublich, wie ein Wunder! Man sieht's wie das drückende Joch zerbrochen wird und der Stock des Treibers. Der blutige Militärmantel wird ein Fraß des Feuers (vgl. 9,3f).

Und das ohne Gewalt. Man muß das miterleben, eine Revolution ohne Panzer und Maschinengewehre. Menschen, die auf die Straßen gehen und Kerzen in den Händen tragen, einfach entwaffnend. Das macht Geschichte. Da fällt die Mauer.

Jeder weiß, es gibt anderes. Es gibt nicht nur Leipzig und Dresden, nicht nur Moskau und Warschau, nicht nur Prag und Budapest, es gibt Bukarest und Peking. Eltern halten den anstürmenden Soldaten ihre Kinder entgegen, und sie werden niedergeschossen in diesen Tagen, zu Weihnachten. Das ist unsere Welt.

Und doch, es gibt eben auch Leipzig und Dresden. Die sollen hier nicht fromm vereinnahmt werden, schon gar nicht nach dem jetzt üblichen: ›Wir haben es ja immer gewußt.‹ Was haben wir denn gewußt? Und wer weiß, wie die Entwicklung weitergeht! Aber wir sollten das Zeichen sehen, einfach entwaffnend, wie ein Kind. Die Gewaltlosigkeit ist möglich, sie ist keine Spinnerei, sie kann Geschichte machen. Die Gewaltlosen können stärker sein als die Gewalttätigen. Fast hätten wir es nicht mehr zu hoffen gewagt. Wer's jetzt neu erlebt, wird es so leicht nicht mehr vergessen. Es kann ihm zur inneren Gewißheit werden, im Namen des Kindes, auf dessen Schultern die Weltherrschaft ruht.

Heilige Nacht

In ihm war das Leben,
und das Leben war das Licht der Menschen.
Und das Licht leuchtet in der Finsternis,
und die Finsternis hat es nicht erfaßt.
Das wahre Licht, das jeden Menschen erleuchtet,
kam in die Welt.
Joh 1,4f.9

Die Nacht ist uns Christen heilig. Das hat seinen Grund. »In der Nacht, in der Jesus verraten wurde«, hat die Eucharistie ihren Ursprung. Die Karfreitagsfinsternis kommt über die ganze Erde, in der Osternacht geht das Licht auf. Die Nacht ist uns Christen heilig. Heilige Nacht, Weih-nacht, Nacht, in die hinein Jesus geboren ist.

In der schwärzesten Nacht

Diese Nacht des 25. Dezembers ist eine besondere: eine der längsten, tiefsten Nächte des Jahres. Wintersonnenwende! Jetzt werden die Tage länger und die Nächte kürzer. Was bewegt die Christen, die Gottesgeburt in dieser Nacht zu feiern? Gott kommt – so bekennen wir – in der schwärzesten Nacht zur Welt. Er schaut nicht kurz bei Tageslicht herein, er sucht uns in der dunkelsten Nacht auf. Wäre er einer von uns, wenn er diesen Tiefpunkt gescheut hätte? »Das Licht leuchtet in der Finsternis.« Wer ihn hier sucht, wer sich hier finden läßt, für den werden die Nächte kürzer. Die Mitte der Nacht ist der Anfang des Tages.

Sich der Nacht stellen

Heilige Nacht – was verbinden wir damit? Ein frommes Spiel der Liturgie? Nachtromantik mit Schummerlicht? Stimmungsvoll, etwas fürs Gemüt? Brauchen wir den dunklen Hintergrund nur für unsere schönen Kerzen? Was heißt hier Nacht? Ist sie Erfahrung oder Kulisse?

Weihnachten feiern heißt, sich der Nacht stellen. Wir Christen reden sie nicht herbei, aber wir weichen ihr nicht aus. Würden wir sie abspalten und verdrängen, dann wäre nicht mehr Weih-nachten. Wie die Nacht im Wort steckt, so steckt sie in uns, in ihrer ganzen Abgründigkeit.

Fragen wir uns also: Wo erfahre ich Nacht? Schlaflose Nächte, die nicht zu Ende gehen wollen, nicht nur im Alter. Wo tappe ich im Dunkeln? Wo sieht's bei mir finster aus? Oder grau in grau, man lebt halt so vor sich hin, ohne Lichtblicke. Die Schattenseiten des Lebens: Konflikte können Ehe und Familie überschatten und das Leben lähmen. Eltern müssen auf einmal feststellen: Unsere Kinder sind uns fremd geworden, wir verstehen uns nicht mehr.

Was machen wir mit den Nachtseiten unseres Lebens? Stecken wir sie einfach nur weg? Wohin? Oder nehmen wir sie wahr? Der Glaube wird oberflächlich, wenn wir sie ausblenden, gar aus Angst, wir könnten sie Gott nicht zumuten. Gerade in sie hinein ist er geboren, er ist in den Abgründen und Tiefenschichten, in den Nächten unseres Daseins anwesend. Darin zeigt sich die Stärke unseres Glaubens, daß er sich der Finsternis aussetzt: »Das Licht leuchtet in der Finsternis.«

Die im Dunkeln sieht man nicht?

Weihnachten feiern heißt, sich der Nacht stellen. Wir bekommen es auf neue Weise mit dem zu tun, was finster ist; und auch mit all denen, die auf der Schattenseite des Lebens wohnen:

»Denn die einen sind im Dunkeln.
Und die anderen sind im Licht.
Und man siehet die im Lichte.
Die im Dunkeln sieht man nicht.«
BERTOLT BRECHT

Jesus öffnet uns die Augen für »die im Dunkeln«. Die können und dürfen wir nicht übersehen: die durch Terror, Vertreibung und Flucht im Dunkeln tappen. Ganze Völker, die auf der Schattenseite der Entwicklung stehen und von ihren Schulden erdrückt werden. Darf man heute am Feiertag davon nicht reden? Wie sollen wir denn von Weihnachten reden, wenn wir die Dunkelheiten verschweigen? Der Glaube mutet uns Nachtwanderungen zu. Wir hoffen ja nicht auf uns selber; darum brauchen wir unser Leben und unsere Geschichte nicht zu halbieren und immer nur die Lichtseiten vorzuzeigen, wie es Ideologen tun, die keine andere Hoffnung haben als die auf sich selbst. Das Licht, dem wir vertrauen, »leuchtet in der Finsternis«.

Im Sack oder durchs Fenster?

Weihnachten feiern heißt sich der Nacht stellen. Unsere Gesellschaft versucht mit aller Energie bis hin zur Atomkraft, die Nacht taghell zu machen. Alles soll durchleuchtet und ausgeleuchtet werden. Wir meinen, wir seien rundum erleuchtet und aufgeklärt; dabei sieht es oft finster aus. Und viele fühlen sich mit aller Energie hinters Licht geführt. – Wo die Nacht verdrängt wird, da treibt schließlich auch der Okkultismus seine finsteren Geschäfte.

Sind wir wie jene Schildbürger, die ein Rathaus bauten und die Fenster vergaßen? Zu spät entdecken sie, daß es drinnen finster ist. Was tun? Sie schaufeln Licht in Säcke, um es hineinzutragen – eine erfolglose Mühe. Man muß schon Fenster einbauen, um drinnen Licht zu haben und sich orientieren zu können.

Was ist Weihnachten für uns? Der Versuch, hektisch Licht einzusacken und nach innen zu schütten, um in dem fensterlosen Bau überleben zu können? Licht läßt sich nicht einpacken wie irgendeine Ware im Supermarkt. Wir sind gewohnt, das Licht einzuschalten und auszuschalten, ganz nach Belieben. Es steht zu unserer Verfügung. Aber so können wir die Nacht unseres Daseins und unserer Geschichte nicht erleuchten. Und mit aller Energie laufen wir schließlich Gefahr, daß es noch finsterer wird.

Wir brauchen Fenster im Rathaus, Fenster im Haus des eigenen Lebens, in der Seele. Wir müssen die Fensterläden öffnen, damit das Licht in unserer Finsternis leuchten kann.

Einleuchtend und strahlend

»Das Ewig Licht geht da herein,
gibt der Welt ein neuen Schein;
es leucht' wohl mitten in der Nacht
und uns zu Lichtes Kindern macht.«

Mitten in der Nacht – das Ewig Licht! – Wir wissen doch, wie das ist: ›Da geht mir ein Licht auf!‹ Das ist ein großartiges Erlebnis. Das kann man nicht machen, nicht erzwingen. Man kann es empfangen, als Geschenk, als Gnade. Wenn das geschieht, dann strahlen wir.

Sie haben vielleicht Krippenbilder alter Meister vor Augen. Der Stall in der Nacht wird nicht von außen durch Scheinwerfer angestrahlt, sondern von innen her erleuchtet, vom Kind in der Krippe. Mit ihm ist uns ein Licht aufgegangen. Mit Jesus ist uns das Licht aufgegangen. Ob wir die Fenster unserer Seele und unserer Welt offenhalten, daß er uns einleuchtet? Das wird man spüren. Er wird durchscheinen, durch unsere Worte, durch unsere Gebärden und unser Verhalten, durch unser Gesicht und unser ganzes Leben. Das leuchtet auch anderen ein. Wie ein Lichtblick!

Sternstunden

»Als Jesus zur Zeit des Königs Herodes in Betlehem in Judäa geboren worden war, kamen Sterndeuter aus dem Osten nach Jerusalem und fragten: Wo ist der neugeborene König der Juden? Wir haben seinen Stern aufgehen sehen und sind gekommen, um ihm zu huldigen. Als König Herodes das hörte, erschrak er und mit ihm ganz Jerusalem. Er ließ alle Hohenpriester und Schriftgelehrten des Volkes zusammenkommen und erkundigte sich bei ihnen, wo der Messias geboren werden solle. Sie antworteten ihm: In Betlehem in Judäa; denn so steht es bei dem Propheten:

Du, Betlehem im Gebiet von Juda,
bist keineswegs die unbedeutendste
unter den führenden Städten von Juda;
denn aus dir wird ein Fürst hervorgehen,
der Hirt meines Volkes Israel.

Danach rief Herodes die Sterndeuter heimlich zu sich und ließ sich von ihnen genau sagen, wann der Stern erschienen war. Dann schickte er sie nach Betlehem und sagte: Geht und forscht sorgfältig nach, wo das Kind ist; und wenn ihr es gefunden habt, berichtet mir, damit auch ich hingehe und ihm huldige. Nach diesen Worten des Königs machten sie sich auf den Weg. Und der Stern, den sie hatten aufgehen sehen, zog vor ihnen her bis zu dem Ort, wo das Kind war; dort blieb er stehen. Als sie den Stern sahen, wurden sie von sehr großer Freude erfüllt.

Sie gingen in das Haus und sahen das Kind und Maria, seine Mutter; da fielen sie nieder und huldigten ihm. Dann holten sie ihre Schätze hervor und brachten ihm Gold, Weihrauch und Myrrhe als Gaben dar. Weil ihnen aber im Traum geboten wurde, nicht zu Herodes zurückzukehren, zogen sie auf einem anderen Weg heim in ihr Land."
Mt 2,1-12

Sternstunden – die kennen wir, hoffentlich nicht nur vom Hörensagen. Wir sprechen von Sternstunden der Menschheit, denken an Sternstunden in unserem Leben: ›Mensch, da geht mir ein Licht auf ...‹ Das ist eine wunderbare Erfahrung.

Sternstunden kommen nicht alle Tage; aber man kann noch nach Jahren davon erzählen. Sie sind wie ein Geschenk des Himmels.

Drei auf dem Weg und einer auf dem Thron

Das Evangelium erzählt von drei Männern, die eine Sternstunde erlebt haben, eine Sternstunde ihres Lebens und darüber hinaus: eine Sternstunde der Menschheit. Noch heute erzählen wir davon, noch heute bringt sie vor allem junge Menschen in Bewegung.

Die drei Männer werden Sterndeuter genannt, Astrologen. Ihre Konfession ist unbekannt. Sie kennen sich in den Gesetzen des Kosmos aus, haben einen Blick für die kosmischen Zusammenhänge. Ein Stern ist ihnen aufgefallen, der Besonderes verheißt. Dem gehen sie nach, bewegt von der Frage:

> *»Wo ist der neugeborene König der Juden?*
> *Wir haben seinen Stern aufgehen sehen ...«* (2,2).

Dieser Stern läßt sie aufbrechen, über alle Grenzen weg. Ein kosmisches Zeichen führt sie in die Nähe des Messias. Sie kommen von fern und erwarten in Jerusalem genauere Auskunft, wo sie ihn finden: ›Wißt ihr Näheres?‹ Die Reaktion dort ist offenbarend:

Herodes hört »König« und bangt um seine Macht. Er sieht seinen Thron wackeln: Da »erschrak er und mit ihm ganz Jerusalem«

(2,3). Er fürchtet sich vor der Erscheinung des Herrn, weil er nur um seine eigene Erscheinung besorgt ist. Während die Repräsentanten der Völker kommen, um dem Messias zu huldigen, sucht der König der Juden ihn zu töten.

Die Hohenpriester und Schriftgelehrten, die er rufen läßt in dieser unheiligen Allianz von Thron und Altar, wissen auf Anhieb die richtige Antwort: »In Betlehem in Judäa« (2,5). Sie haben die einschlägige Literatur sofort zur Hand: »Denn so steht es beim Propheten ...« (2,5f).

Sie haben das richtige Schriftwort im Kopf, mit Stellenangabe, aber es reißt sie nicht vom Hocker. Sie bleiben sitzen und lassen die Weisen gehen.

Kniefall und aufrechter Gang

Ihre Freude ist übergroß. Die Sprache überschlägt sich, wie man es dem Urtext deutlich anmerken kann (leider kaum unserer Übersetzung):

> *»Als sie den Stern sahen,*
> *wurden sie von sehr großer Freude erfüllt« (2,10).*

Die drei geraten »außer sich vor Freude«. Der Stern hat sie auf dem langen Weg vom Osten über Jerusalem nach Betlehem geleitet, über manche Grenze weg; nun führt er »sogar über die bewachteste und gefährlichste aller Grenzen: Er führt über uns selbst hinaus« (E. JÜNGEL).

> *»Sie gingen in das Haus und sahen das Kind und Maria, seine Mutter; da fielen sie nieder und huldigten ihm«* (2,11).

Sie gehen vor dem Messias in die Knie. Sie werfen sich nieder und huldigen ihm. Sie geben zu erkennen, wer sie sind und wer er ist, daß sie Menschen und er der Christus ist, der Sohn Gottes. Sie vertrauen sich ihm an, sie überlassen sich ihm. Darf man so in die Knie gehen? Ist das nicht entwürdigend? Wir sind doch zum aufrechten Gang berufen. Verliert man nicht sein Rückgrat, wenn man sich so tief verneigt? Nur wer ein Rückgrat hat, kann sich so tief bücken. Er weiß, daß er den aufrechten Gang dem verdankt, vor dem er in die Knie geht.

Der Mensch findet nur zu sich selbst, indem er über sich selbst hinausgeht. Er ist ein Versprechen, das er selbst nicht einlösen kann.

Himmlische Ruhe höllischer Lärm

Wenn es nur einmal so ganz stille wäre.
Wenn das Zufällige und Ungefähre
verstummte und das nachbarliche Lachen,
wenn das Geräusch, das meine Sinne machen,
mich nicht so sehr verhinderte am Wachen -:
dann könnte ich in einem tausendfachen
Gedanken bis an den Rand dich denken
und dich besitzen (nur ein Lächeln lang),
um dich an alles Leben zu verschenken
wie einen Dank.
Rainer Maria Rilke

»Wenn es nur einmal so ganz stille wäre.« Kennen wir diese Sehnsucht, die Rilke in seinem Gedicht ausdrückt? Geschrieben wurden diese Verse am Ende des vorigen Jahrhunderts. Am Anfang jenes Jahrhunderts gab es noch Gesetze gegen das Peitschenknallen, gegen Pferdehufe auf Kopfsteinpflaster, ja sogar gegen die Geräusche, die hohe Absätze von Damenschuhen verursachen. Aber im

Laufe desselben Jahrhunderts begann die technische Revolution mit Eisenbahnen, Autos, Flugzeugen und anderen Maschinen einen gewaltigen Lärmteppich über die Welt auszurollen. Er ist inzwischen immer dichter und breiter geworden.

Der Lärm von innen

Der Wunsch Rilkes »Wenn es nur einmal so ganz stille wäre« richtet sich jedoch nicht auf die äußere Stille. Der Dichter fährt fort: »Wenn das Geräusch, das meine Sinne machen, mich nicht so sehr verhinderte am Wachen -«. Vielleicht ist der innere Lärm, der Nachhall der zahlreichen Sinneseindrücke, denen wir heute ausgesetzt sind, noch viel krankmachender und gefährlicher als der äußere Lärm. Vielen fällt es schon schwer, den äußeren Geräuschpegel abzuschalten. Wenn der Straßenlärm erlischt, müssen Fernseher, Radio und Walkman für die entsprechende Geräuschkulisse sorgen. Aber nur wenigen gelingt es, innerlich abzuschalten. Die Gedanken sind so bedrängend, so laut und wirr, daß die äußere Stille als bedrohlich erlebt wird, denn sie macht den inneren Lärm offenbar. Es trifft wohl auf die meisten von uns zu, was der Philosoph Blaise Pascal zu Beginn der Neuzeit formulierte: »Wenn ich mich zuweilen damit beschäftigt habe, die vielgestaltige Unrast der Menschen zu betrachten, die Gefahren und Mühsale, denen sie sich aussetzen: am Hofe, im Kriege, woraus so viele Streitigkeiten, Leidenschaften, kühne und oft böse Unternehmungen entstehen, habe ich entdeckt, daß das ganze Unheil der Menschen aus einer einzigen Ursache kommt: nicht ruhig in einem Zimmer bleiben zu können.«

Äußerer Lärm, innerer Lärm – sie machen uns nervös und aggressiv, sie besetzen unsere Gedanken und unser Fühlen. Sie bringen uns ganz durcheinander, so daß wir gar nicht mehr zu uns selbst kommen. »Diabolos« heißt der Durcheinanderbringer auf griechisch. Höllenlärm sagen wir, wenn es richtig laut wird. Angst, Krieg und Unterdrückung – das ist die Hölle, das macht höllischen Lärm.

Gott kommt in der Stille

Welcher Gegensatz dazu die Botschaft des Weihnachtsfestes:

»Als tiefes Schweigen das All umfing
und die Nacht bis zur Mitte gelangt war,
da stieg dein allmächtiges Wort, o Herr,
vom Himmel herab.«
Weish 18,14f

Gott kommt im Schweigen zur Welt, in der Mitte der Nacht, wenn es ganz still geworden ist – das bekennen wir in der Liturgie des Weihnachtsfestes. Er kommt nicht mit lauten Fanfaren wie die Herrscher dieser Welt. Er verschafft sich nicht Gehör mit Ausrufern und Lautsprechern. Das Wort Gottes ergeht in der Stille.

Bereits der Prophet Elija mußte diese Erfahrung machen, als er auf dem Weg zum Horeb in der Wüste Gott begegnete. Gott war weder im Sturm noch im Erdbeben oder im Feuer, in den mächtigen Naturerscheinungen, die wir gleich mit dem Allmächtigen in Beziehung bringen. Der Prophet vernahm die Stimme Gottes vielmehr in einem sanften, leisen Säuseln des Windes.

Die Geburt Jesu in Betlehem ist ein solches Ereignis. Gott kommt zur Welt ganz leise, unscheinbar, als kleines Kind. Nur wahrnehmbar für die, die nicht Ohren und Kopf voll haben mit Lärm und Unruhe. Die Hirten sind Menschen, die schweigen und in die Stille der Nacht hinaushören können. Sie sind die ersten, die wahrnehmen, wer dort die Erde betreten hat. »Man vermag dem Wort nicht besser als mit Schweigen und Hören zu dienen«, sagt der Mystiker Tauler. Für das Unfaßbare ist Schweigen das beredteste Zeugnis.

»Stille Nacht – heilige Nacht«, singen wir. Ob wir selbst stille werden können in diesen Tagen? So wie die Hirten, wachend und lauschend. Meister Eckhart, ein anderer Mystiker, betrachtet das Stillewerden als die Grundvoraussetzung dafür, daß Gott in uns zu Wort kommen, daß er in unserer Seele geboren werden kann. Ob es uns gelingt, diese Ruhe zu finden? Keine tote Ruhe, keine Friedhofsruhe, sondern eine Ruhe, die auf das göttliche Wort wartet und sich von ihm ansprechen läßt. Eine »himmlische Ruhe.«

Umschlaggestaltung: Finken & Bumiller, Stuttgart

Umschlagfoto und Bilder im Innenteil:

Wolfgang Müller, Oberried

Druck und Bindung: L.E.G.O. Olivotto S.p.A., Vicenza 1997

ISBN 3-451-26383-1

Weihnachten entgegengehen

Herders grosses Weihnachtsbuch
Geschichten und Gedichte, Lieder und Legenden,
Brauchtum, Backen und Basteln
von St.Martin bis Dreikönige
Herausgegeben von Ulrich Peters

2. Auflage, 176 Seiten mit über 180 farbigen Fotos

ISBN 3-451-23210-3

Otto Hermann Pesch

Christus in der Krippe
Der verborgene Sinn der Weihnacht

120 Seiten, gebunden

ISBN3-451-23154-9

Die wundersame Nacht
Die schönsten Christuskind-Legenden
Herausgegeben von Elisabeth Hurth

240 Seiten, gebunden

ISBN 3-451-23638-4

Macht hoch die Tür

Ein Weihnachtslesebuch für Eltern und Kinder

Herausgegeben von Wolfgang Gies

2. Auflage, 160 Seiten

mit zahlreichen Abbildungen von Corina Hug

ISBN 3-451-23441-6

Rolf Krenzer

Die schönsten Geschichten zur Advents- und Weihnachtszeit

Ein Lese- und Erzählbuch

6. Auflage, 320 Seiten, gebunden

ISBN 3-451-22830-0

Im Weihnachtsland

Die schönsten Märchen zur Advents- und Weihnachtszeit

Ausgewählt von Elisabeth Hurth

256 Seiten, gebunden

ISBN 3-451-26382-3

12.1.2008 10€